ALOHA MELE

A SONG OF ALOHA

A Collector's Book of Hawaiian Art
And Poetry In English and Hawaiian
by
Diana Hansen-Young

Kahaluu Press   Hawaii   1990

COME, DANCE IN MY GARDEN . . .

Peals of laughter ring
From under cool branches
in the shelter of my Nuuanu Garden.
A blanket of blossoms and leaves
Cover the mossy ground:
Golden flowers of yesterday buried
Deep in my soul, my forgotten childhood,
Forgotten memories.
Come,
Dance in my garden . . .

HELE MAI, E HULA I KU'U MĀLA . . .

Kani nā 'aka'aka 'ula
Mai lalo mai o nā lālā 'olu'olu
I ka maluhia o ku'u māla 'o Nu'uanu.
He kapa pua, he kapa lau
'Uhi 'ia i ka 'āina limua:
Kanu 'ia nā pua kula o ka wā i hala
Ma ko'u na'au, ma ko'u wā kamali'i poina
    'ia,
Nā mana'o poina 'ia.
Hele mai,
E hula i ku'u māla . . .

SONG FOR WAIKANE

Late at night,
Rain upon the roof.

I hear you calling Waikane,
My magic home, my rain-kissed valley.

Outside,
The rain's cool fingers
Brush my cheek
O Waikane,
How kind of you to send
The sweet, early morning rain
that is called *ko'iawe,*
to whisper, and call me home.

MELE NO WAIKĀNE

I ke aumoe,
Kani ka ua ma kaupoku.

Lohe au i kou leohea
E Waikāne,
Ku'u home kūkahi, ku'u awaawa
    i lei i ka ua noe.

I waho,
Honi mai ka ua noe
I ko'u papālina
E Waikāne
Lokomaika'i 'oe e ho'ouna mai
I ka ua anuhea 'o Ko'iawe,
Ka ua o ka wana'ao
E heahea mai ia'u i ku'u home.

ON THE BEACH AT WAIKIKI

I wish sometimes
Things were the way they used to be:

The first kiss: Waikiki,
A young smooth-cheeked sailor,
Nameless now.

A gardenia lei
From the weaver, sitting on lauhala mats
On the corner of Kalakaua and Seaside.

And resting in the sand
Outside the Garden Bar,
Listening to the singer,
Too young to go inside.

The sunset, rich and flaming,
behind Diamond Head.

I KAHAKAI MA WAIKĪKĪ

Mana'olana au i kekahi manawa
Ua like nā mea me ka wā i hala:

'O ka honi mua: Ma Waikīkī:
Ka papālina pahe'e o kekahi kelamoku
'ōpio,
'A'ohe inoa i kēia manawa.

He lei kiele
Maiā ka haku e noho ana ma nā moena
lauhala
Ma ka huina alanui 'o Kalākaua lāua 'o
Seaside.

A e ho'omaha ana i ke one
Ma waho o Wahi Inu Lama 'o Māla,
Ke ho'olohe nei i ke kanaka hīmeni,
'A'ole lawa nā makahiki e komo i loko.

'O ka napo'o 'ana o ka lā, alaula a me
aka'ula, ma hope o Kaimana Hila.

MY PUA LEI   KU'U PUA LEI

. . . my *pua* lei   . . . ku'u pua lei
my cherished blossoms   ku'u pua hiwahiwa
my children . . .   ku'u keiki . . .

KIMONO   KE KIMONO

My mother's old kimono:
Cool silk, golden threads
Against my body:
A peacock
Ume blossoms
Embroidered in the fabric of her past.

'O ko ko'u makuahine kimono kihiko:
Kilika 'olu'olu, nā lopi kula
Pili i ko'u kino:
He pīkake
Nā pua ume
Humulau 'ia i ke kapa o kona wā i hala.

©diana hansen-young '90

A SONG FOR KAHALU'U

Across the valley tonight
The call of a rooster
Night sounds of water buffalo
In Wong's taro patch

Red shrimp eyes
In Waihe'e Stream
Banks aflame
With red torch gingers

Banana leaves rustle
Moonshadows on the valley floor
Kahalu'u.

HE MELE NO KAHALU'U

Mai kēlā 'ao'ao o ke awaawa i kēia pō
Mai ke kāhea o ka moakāne
Nā kani pō o ka pipi Pākē
I ka lo'i kalo 'o Wong

Nā maka 'opae 'ula'ula
I ke kahawai 'o Waihe'e
Ho'omālamalama 'ia nā kuāuna
Me nā 'awapuhi ko'oko'o

Hoene nā lau mai'a
Aia nā akamahina ma ka papa awaawa
'O Kahalu'u.

diana hansen-young '90

THE ALA WAI

Lights of Honolulu:
Tribal banks of fires
Reflecting in the velvet
Night water
Of the Ala Wai Canal

KE ALA WAI

'O nā kukui o Honolulu:
He kuāuna o ke ahi
E lapalapa ana ke aka i ka weleweka
O ka wai uliuli
O ke Ala Wai.

ALOHA *AINA*   ALOHA ʻĀINA

Aloha aina,
The keepers of the land
How sweet, how sweet
To hold for a lifetime
And gently give the gift,
Aloha aina,
To our children.

Aloha ʻāina,
Nā kahu o ka ʻāina
He makamae, he makamae
E hoʻomalu mau aku
A hāʻawi lokomaikaʻi i ka makana
O ke aloha ʻāina
I nā pua o kēia mua aku.

©diana hansen-young

SWEET ISLAND

I stepped off the plane
breathed
that sweet island,
sweet island air,
that defies the mystery
of time, stars and space.

Memory floods back.
Scents, boundless flavors,
fragrances of time remembered
Come washing over me.
Healing me, melting me down
To a gentle space:
The sweet dreams and gentle winds of
Palehua.

MOKUPUNI 'A'ALA

Ua pae au
A hanu
I ka mokupuni 'a'ala.
ke ea onaona,
E hō'a'ano ai i ka pohihihi
O ke au, nā hōkū a me ka lewa.

Kau ka hali'a.
Me nā 'ala anuhea
'O ka manawa i ho'omana'o 'ia
Ke moani mai nei,
Ke ho'ōla mai nei, ke milimili mai nei ia'u
I kahi 'olu'olu:
Nā moemoeā aloha 'ia me nā makani
aheahe 'o Palehua.

NIGHT FISHERMAN   KA LAWAI'A HELEPŌ

Kahana Bay	Ma ka hono 'o Kahana
Night fisherman:	Ka lawai'a helepō:
Throw nets, spear,	Nā 'upena kiloi, ka makoi,
Torch, wet body.	Ka lama, ke kino pulu.
Our eyes met:	Nānā ka maka o kēlā me kēia:
Eyes of a stranger,	Nā maka o ka malihini,
Locked in passing,	Ho'opa'a 'ia i ka hala 'ana,
Possessing, promising	Ho'opili 'ana, ho'ohiki 'ana
Moving on.	Ho'oka'awale 'ana.
Night fisherman	Ka lawai'a helepō
With your throw nets	Me ka 'upena kiloi
Rescue me,	E ho'opalekana mai ia'u,
A stranger in this strange night sea.	He malihini i kēia kai uliuli kupanaha.

THE RED BRIDGE

They dazzle
A brilliant vision:
Torch gingers,
A red bridge to nowhere.

KA UAPO 'ULA'ULA

'Ōlino lākou
He aka hūlali:
Nā 'awapuhi ko'oko'o,
He uapo 'ula'ula e hele loa aku ana.

©diana hansen-young '90

THE SUNDAY FAN

The little church
Was never air-conditioned.
My Grandmother
Took her best fan to church
every Sunday.

Before she died
She gave me the Sunday Fan.
And every week, in church,
Now cool, enclosed, pristine,
I hold the fan
And think of my Grandmother.

KA PE'AHI LĀPULE

'O ka hale pule li'ili'i
'A'ohe holomakani 'olu'olu.
Nā ku'u Tūtūwahine
I lawe i kāna pe'ahi maika'i loa i ka hale
    pule
I kēlā pule, kēia pule.

Ma mua o kona hala 'ana
Ua hā'awi 'o ia ia'u i ka Pe'ahi Lāpule.
A i kēlā pule, kēia pule,
'Olu'olu, ka'apuni 'ia, a me ma'ema'e i kēia
    manawa,
Ho'opa'a au i ka pe'ahi
A ho'omana'o i ku'u Tūtūwahine.

BLOSSOMS NA PUA

Great sparkling winds
Sweep down Ka'alea Valley:
Cover me with breezes,
Blossoms, and the dancing leaves.

E ka makani ikaika
E pā mai i ke awaawa 'o Ka'alaea:
E uhi mai ia'u i ke aheahe,
Nā pua, a me nā lau helele'i.

Sweet gentle rain
Sweep down Manoa Valley:
Cover me with the curtain
Of mist, of water and life.

E ka ua tuahine
E pā mai i ke awaawa 'o Mānoa:
E uhi mai ia'u i ka ua noe,
Ka wai, a me ke ola.

Bold glorious sun
Sweep over the Ko'olaus:
Cover me with bright gold,
Calm seas, and floating clouds.

E ka lā hanohano
E pā mai i nā Ko'olau:
E uhi mai ia'u i ka 'ālohilohi,
Ke kai malino, a me nā ao lewa.

ALOHA MELE

Aloha Mele
A song
for the islands

Great flowing melodies
Like waves of hair
Tumbling,
spilling over banks
and into our hearts.

ALOHA MELE

Aloha Mele
He mele
no nā mokupuni

Kahe nā leo nui
Me he lauoho pi'ipi'i lau nui lā
Ke hā'ule nei,
Ke hanini nei ma ke kuāuna
A i loko o nā ke'ena pu'uwai.

diana hansen-young 1979

CHRYSANTHEMUMS

And all these things are gifts,
Our gardens of delight
The sun, the moon, the stars

Leis of glory
In the unbound hair of paradise.

PUA PĀKĒ

He pōmaika ' i ia mau mea:
Nā māla o ka hau'oli
'O ka lā, ka mahina, a me nā hōkū

Nā lei ha'aheo
I ke oho welowelo o 'iulani.

THE DIANA HANSEN-YOUNG GALLERY
1130 N. Nimitz Highway A132
Honolulu, Hawaii 96817
(808) 531-1033

ALOHA MELE
A Collection of Hawaiian Art
and Poetry in English and Hawaiian
© 1990 Diana Hansen-Young
All Rights Reserved
Hawaiian Translations by Alohalani Kaina

Published by
Kahaluu Press
The Diana Hansen-Young Corporation
P.O. Box 428
Kailua, Oahu, Hawaii 96734
Printed in Hong Kong
ISBN 0-925987-12-3